"Maîtrisez Instagram avec Impact Écologique"

Halley Reagan

ISBN : 9798860070813

PRÉFACE

Bienvenue dans ce guide complet sur la croissance de votre activité sur Instagram, avec un accent sur l'utilisation créative des NFT (Non-Fungible Tokens) et la prise en compte de l'impact environnemental. Instagram est une plateforme puissante qui offre d'innombrables opportunités pour développer votre présence en ligne, interagir avec votre audience et créer une communauté dévouée.

Ce guide a été conçu pour vous guider à travers chaque étape du processus, de la création de contenu engageant à la monétisation de votre présence sur Instagram grâce aux NFT. Nous aborderons également des considérations essentielles, telles que la protection de votre vie privée en ligne, la sécurité, la gestion du temps et la promotion croisée. De plus, nous explorerons l'impact environnemental de vos activités en ligne et comment vous pouvez minimiser votre empreinte carbone.

La croissance sur Instagram est un voyage excitant qui nécessite créativité, engagement et stratégie. Que vous soyez un artiste, un entrepreneur, un influenceur ou simplement quelqu'un qui souhaite maximiser son potentiel sur cette plateforme dynamique, ce guide vous fournira les connaissances et les outils nécessaires pour réussir.

Nous vous invitons à explorer ces pages, à mettre en pratique les conseils et les astuces partagés, et à façonner votre propre succès sur Instagram tout en contribuant à un environnement en ligne plus durable. Nous espérons que ce guide vous sera utile dans votre parcours vers une présence Instagram prospère et responsable. Bonne lecture et bonne croissance !

INTRODUCTION

Bienvenue dans ce guide complet destiné à vous aider à développer votre activité sur Instagram de manière stratégique et responsable. Instagram est devenu bien plus qu'une simple plateforme de partage de photos ; c'est un outil puissant pour les artistes, les entrepreneurs, les influenceurs et quiconque souhaite se connecter avec une audience mondiale.

Cependant, le succès sur Instagram ne se limite pas à publier quelques photos attrayantes. C'est un monde complexe avec ses propres règles et astuces, mais avec la bonne stratégie et les bonnes pratiques, vous pouvez atteindre vos objectifs.

Dans ce guide, nous allons explorer en détail les étapes nécessaires pour faire croître votre compte Instagram, que ce soit en termes de nombre d'abonnés, d'engagement ou même en explorant des possibilités innovantes telles que l'utilisation des NFT pour monétiser votre contenu.

Nous couvrirons des sujets essentiels, de la création de contenu attrayant à la gestion de votre temps en ligne, en passant par la protection de votre vie privée et de vos données. Nous aborderons également l'impact environnemental de vos activités en ligne et comment vous pouvez agir de manière plus responsable.

Que vous soyez un novice cherchant à établir votre présence en ligne ou un utilisateur expérimenté souhaitant approfondir votre stratégie, ce guide est conçu pour vous aider à réussir sur Instagram tout en prenant en compte les aspects écologiques et sociaux de votre activité en ligne.

Préparez-vous à découvrir des conseils pratiques, des exemples concrets et des méthodes éprouvées pour atteindre vos objectifs sur Instagram. Votre voyage vers une présence Instagram prospère commence ici. Bonne lecture et bonne croissance !

CHAPITRE I COMPRENDRE VOTRE PUBLIC-CIBLE

Sous-Partie 1.1 : Identifier Votre Public-Cible

La Clé de la Porte : Comme un explorateur qui cherche à ouvrir une porte mystérieuse, commencez par identifier les détails démographiques de votre public-cible, tels que l'âge, le sexe, la localisation géographique, et les passions. Ces informations sont la clé qui ouvre la porte vers votre audience idéale.

L'Arbre des Intérêts : Imaginez que les intérêts et les passions de votre public-cible sont comme les branches d'un arbre. Chacune de ces branches représente une opportunité de créer du contenu attrayant pour votre audience. Plus vous comprenez ces branches, plus votre arbre de contenu sera florissant.

La Carte de Navigation en Ligne : Considérez les comportements en ligne de votre public comme une carte au trésor. Étudiez les réseaux sociaux qu'ils fréquentent, leurs habitudes de recherche et les plateformes qu'ils utilisent. Cette carte vous guidera vers les endroits où votre public se trouve.

Sous-Partie 1.2 : Créer un Profil Instagram Optimisé

Le Costume de Scène : Votre profil Instagram est comme un costume que vous portez sur scène. Choisissez un nom d'utilisateur qui est votre identité en ligne, utilisez une photo de profil qui vous représente bien, et rédigez une bio engageante qui dit aux spectateurs qui vous êtes en quelques mots.

Le Point de Ralliement : Votre lien vers votre site web est le point de ralliement de vos followers. Utilisez-le judicieusement pour diriger votre audience vers une destination importante, qu'il s'agisse de votre site web, d'une page de vente, ou d'une offre spéciale.

CHAPITRE II PLANIFIER VOTRE CONTENU

Sous-Partie 2.1 : Identifier Vos Thèmes de Contenu

Le Menu Varié : Imaginez votre contenu comme un menu diversifié dans un restaurant. Déterminez les thèmes et les sujets de contenu qui satisferont les appétits de votre audience. Offrez-leur une variété de plats, des entrées aux desserts.

L'Horloge d'Or : Planifiez vos publications à l'avance en utilisant un outil de planification. L'horloge d'or est celle qui indique le moment optimal pour servir chaque plat à votre audience. Une planification judicieuse garantit une expérience gustative maximale.

Sous-Partie 2.2 : Créer du Contenu de Qualité

La Galerie d'Art : Imaginez votre profil Instagram comme une galerie d'art en ligne. Utilisez des images et des vidéos de haute qualité pour exposer vos œuvres. Chaque publication devrait être une pièce d'art qui capte l'attention et suscite l'admiration.

La Voix de Marque : Votre contenu doit être cohérent avec votre image de marque, tout comme la voix d'un chanteur doit correspondre à son style musical. Respectez les couleurs, le style visuel et la personnalité de votre marque à travers chaque publication.

CHAPITRE III UTILISER LES HASHTAGS PERTINENTS

Sous-Partie 3.1 : Trouver les Hashtags Adaptés

La Boussole des Hashtags : Imaginez que les hashtags sont comme une boussole pour orienter votre contenu. Recherchez des hashtags pertinents dans votre niche pour guider votre audience vers votre contenu.

La Combinaison Magique : Utilisez une combinaison de hashtags populaires et de hashtags spécifiques à votre contenu. Les hashtags populaires sont comme des projecteurs qui attirent l'attention, tandis que les hashtags spécifiques sont des aimants pour votre public cible.

Sous-Partie 3.2 : Éviter le Trop-Plein de Hashtags

La Poubelle à Hashtags : Évitez de surcharger vos publications avec trop de hashtags. Une publication avec trop de hashtags ressemble à une poubelle remplie de mots-clés. Utilisez-les judicieusement pour éviter de noyer votre message.

CHAPITRE IV COLLABORER AVEC D'AUTRES UTILISATEURS

Sous-Partie 4.1 : Trouver des Partenaires de Collabération

L'Alliance des Explorateurs : Identifiez d'autres utilisateurs sur Instagram dans votre niche ou domaine d'activité. Imaginez que vous formez une alliance d'explorateurs pour conquérir ensemble de nouveaux territoires.

L'Échange de Trésors : Proposez des collaborations mutuellement bénéfiques, telles que des prises de contrôle de compte ou des publications croisées. C'est comme un échange de trésors entre pirates, chacun trouve de la valeur dans le butin de l'autre.

CHAPITRE V ORGANISER DES CONCOURS ET DES GIVEAWAYS

Sous-Partie 5.1 : Créer un Événement Captivant

La Fête des Followers : Imaginez que vous organisez une fête pour vos followers. Organisez des concours et des giveaways qui excitent votre audience et les invitent à participer à la célébration.

Le Prix de la Chasse au Trésor : Assurez-vous que les prix des concours sont des trésors précieux pour votre public. Les participants doivent avoir l'impression de chasser un trésor qui en vaut la peine.

CHAPITRE VI UTILISER INSTAGRAM STORIES

Sous-Partie 6.1 : Créer des Stories Engageantes

Le Journal de Voyage : Imaginez vos Stories comme un journal de voyage. Partagez des moments en coulisses, des anecdotes, et des événements en temps réel pour que votre audience se sente comme une compagne d'aventure.

L'Interactivité Magique : Utilisez des fonctionnalités interactives comme les questions, les sondages, et les stickers pour transformer vos Stories en une expérience magique où votre audience peut participer activement.

CHAPITRE VII FOURNIR DE LA VALEUR

Sous-Partie 7.1 : Informer et Éduquer

Le Professeur en Ligne : Imaginez-vous comme un professeur en ligne. Offrez à votre audience des conseils, des astuces, des tutoriels, et des informations pertinentes qui les éduquent et les aident à résoudre leurs problèmes.

La Bibliothèque d'Expertise : Bâtissez une bibliothèque d'expertise en partageant vos connaissances. Chaque publication est un nouveau livre dans votre collection, renforçant votre crédibilité.

CHAPITRE VIII ANALYSER LES PERFORMANCES

Sous-Partie 8.1 : Utiliser les Outils d'Analyse

Le Tableau de Bord d'Exploration : Considérez les outils d'analyse d'Instagram comme un tableau de bord d'exploration. Suivez l'engagement, les likes, les commentaires et les nouveaux abonnés pour comprendre le terrain que vous explorez.

La Boussole des Données : Utilisez ces données pour ajuster votre itinéraire. Comprenez ce qui fonctionne le mieux en termes de contenu et d'engagement pour orienter votre stratégie.

CHAPITRE IX ENGAGER AVEC VOTRE AUDIENCE

Sous-Partie 9.1 : Créer une Connexion Authentique

La Rencontre en Face à Face : L'engagement avec votre audience est comme une rencontre en face à face. Répondez rapidement aux commentaires et aux messages privés pour établir des connexions authentiques.

Le Dialogue Continu : Encouragez les discussions en posant des questions dans vos légendes ou en utilisant des appels à l'action. Créez un dialogue continu avec votre audience pour renforcer votre lien.

CHAPITRE X PROMOUVOIR VOTRE COMPTE INSTAGRAM

Sous-Partie 10.1 : Faire de la Promotion Croisée

Le Partenariat de Visibilité : Faites la promotion de votre compte Instagram sur d'autres canaux de médias sociaux. Imaginez que c'est un partenariat de visibilité où chaque plateforme renforce l'autre.

L'Enseigne Lumineuse : Intégrez votre compte Instagram dans votre signature e-mail, sur votre site web, et même sur vos supports marketing hors ligne. Imaginez-le comme une enseigne lumineuse attirant l'attention de tous ceux qui passent.

CHAPITRE XI : GARDER UNE COHÉRENCE

Sous-Partie 11.1 : Maintenir le Rythme

Le Battement Régulier : Maintenez une fréquence de publication régulière. Imaginez que votre contenu est comme le battement régulier d'un cœur, gardant votre audience engagée et vivante.

CHAPITRE XII : SOYEZ PATIENT

Sous-Partie 12.1 : La Croissance Comme une Plante

La Pousse Graduelle : Soyez patient et persévérez dans vos efforts. La croissance organique sur Instagram est comme celle d'une plante. Elle nécessite du temps, des soins constants, et des racines solides pour devenir une forêt luxuriante.

CHAPITRE XIII : UTILISER L'INTELLIGENCE ARTIFICIELLE POUR OPTIMISER VOTRE STRATÉGIE INSTAGRAM

Sous-Partie 13.1 : L'Analyse de Données Avancée

L'Assistant d'Analyse : L'IA peut jouer le rôle d'un assistant d'analyse puissant. Elle peut examiner des tonnes de données en un instant pour vous aider à comprendre ce qui fonctionne le mieux. Par exemple, elle peut identifier les hashtags les plus performants, les heures de publication optimales et les types de contenu les plus engageants pour votre public.

L'Analyse des Tendances : L'IA peut également surveiller les tendances en temps réel. Elle peut vous informer sur les sujets d'actualité et les hashtags émergents que vous pouvez intégrer à votre stratégie pour rester pertinent et attirer un public plus large.

CHAPITRE XIV : AUTOMATISER LES TÂCHES RÉPÉTITIVES

Sous-Partie 14.1 : La Gestion des Commentaires et des Messages

L'Assistant de Gestion : L'IA peut prendre en charge la gestion des commentaires et des messages en automatisant les réponses aux questions fréquentes. Elle peut également filtrer les commentaires inappropriés ou indésirables, vous permettant ainsi de maintenir un environnement positif sur votre compte.

Le Service Continu : L'automatisation des réponses garantit que votre audience reçoive un service continu, même en dehors de vos heures de travail. Cela renforce l'engagement de votre public et améliore la satisfaction de vos abonnés.

CHAPITRE XV : L'UTILISATION DE L'IA POUR LA CRÉATION DE CONTENU

Sous-Partie 15.1 : La Génération de Légendes et de Contenu Visuel

Le Créateur Virtuel : L'IA peut vous aider à générer des légendes créatives en analysant le contenu de votre publication et en suggérant des textes pertinents et accrocheurs. De plus, elle peut être utilisée pour créer des visuels, des infographies et même des vidéos personnalisées en fonction de vos besoins et de votre style.

L'Économie de Temps : L'automatisation de la création de contenu vous fait gagner un temps précieux que vous pouvez investir dans d'autres aspects de votre stratégie Instagram, tels que la planification stratégique et l'engagement avec votre audience.

CHAPITRE XVI : LA PRÉDICTION ET L'OPTIMISATION DE LA PERFORMANCE

Sous-Partie 16.1 : L'Anticipation des Tendances

Le Prévisionniste : L'IA peut anticiper les tendances émergentes en analysant les données passées et actuelles. Elle peut prédire quels types de contenu sont susceptibles de fonctionner dans un proche avenir, vous permettant ainsi d'ajuster votre stratégie en conséquence.

L'Optimiseur de Campagne : En utilisant des algorithmes avancés, l'IA peut également optimiser vos campagnes publicitaires sur Instagram. Elle peut déterminer où allouer votre budget publicitaire pour obtenir le meilleur retour sur investissement, ce qui est essentiel pour maximiser vos résultats.

CHAPITRE XVII : LE SUIVI DE L'ÉVOLUTION DE VOTRE AUDIENCE

Sous-Partie 17.1 : L'Analyse de l'Évolution des Abonnés

Le Détecteur de Tendance : L'IA peut suivre de près l'évolution de votre audience. Elle peut identifier les changements significatifs dans la démographie, le comportement et les intérêts de vos abonnés. Par exemple, si votre audience commence à montrer un intérêt croissant pour un nouveau sujet, l'IA peut vous alerter pour que vous puissiez ajuster votre stratégie en conséquence.

L'Adaptateur de Contenu : En comprenant comment votre audience évolue, l'IA peut vous aider à adapter votre contenu pour répondre à ses besoins changeants, garantissant ainsi que vous restiez pertinent et que vous mainteniez votre engagement.

CHAPITRE XVIII : LA SÉCURITÉ ET LA PRÉVENTION DES RISQUES

Sous-Partie 18.1 : La Sécurité des Données et la Détection de Menaces

Le Gardien Numérique : L'IA peut jouer le rôle d'un gardien numérique en surveillant la sécurité de votre compte Instagram. Elle peut détecter les activités suspectes, telles que les tentatives de piratage ou les comptes de spam, et vous alerter immédiatement pour prendre des mesures préventives.

La Protection des Données : L'IA peut également aider à protéger vos données et celles de vos abonnés en identifiant les risques potentiels de violation de la vie privée. Cela renforce la confiance de votre audience envers votre compte.

En utilisant l'IA de manière stratégique dans votre stratégie Instagram, vous pouvez optimiser vos performances, automatiser des tâches répétitives, rester en phase avec les tendances en constante évolution et garantir la sécurité de votre compte et de vos données. Cela vous permettra de libérer du temps et de ressources pour vous concentrer sur la création de contenu de qualité et l'engagement de votre audience.

CHAPITRE XIX : COMPRENDRE LES DANGERS POTENTIELS DES RÉSEAUX SOCIAUX

Sous-Partie 19.1 : La Protection de Votre Vie Privée

Le Gardien de la Vie Privée : Les réseaux sociaux peuvent parfois devenir des intrus dans votre vie privée. Soyez conscient des informations personnelles que vous partagez en ligne. L'IA peut aider à surveiller vos paramètres de confidentialité et à vous rappeler de les ajuster pour protéger vos données.

Le Détecteur de Menaces : L'IA peut également détecter les menaces potentielles à votre vie privée, telles que le harcèlement en ligne, les tentatives de phishing ou le partage non autorisé de vos informations. Elle peut vous alerter lorsque des comportements suspects sont détectés.

CHAPITRE XX : LES RISQUES POUR LA SANTÉ MENTALE

Sous-Partie 20.1 : La Pression Sociale

Le Miroir Déformant : Les réseaux sociaux peuvent parfois créer une pression sociale pour paraître parfait. L'IA peut vous rappeler que ce que vous voyez en ligne est souvent une version édulcorée de la réalité et vous encourager à rester fidèle à vous-même.

L'Équilibreur Émotionnel : L'IA peut surveiller votre utilisation des réseaux sociaux et vous avertir si elle détecte des signes de dépendance ou de stress liés à la comparaison sociale. Elle peut vous encourager à prendre des pauses pour protéger votre santé mentale.

CHAPITRE XXI : LA SÉCURITÉ EN LIGNE

Sous-Partie 21.1 : La Lutte Contre la Cybercriminalité

Le Gardien Virtuel : Les réseaux sociaux peuvent être des terrains de jeu pour les cybercriminels. L'IA peut contribuer à identifier les comptes et les activités suspects, aidant ainsi à réduire les risques liés aux escroqueries, au vol d'identité et aux attaques en ligne.

La Sensibilisation à la Sécurité : L'IA peut fournir des informations sur les meilleures pratiques de sécurité en ligne, vous aidant à protéger votre compte et à éviter les pièges tendus par les pirates informatiques.

CHAPITRE XXII : LA GESTION DU TEMPS EN LIGNE

Sous-Partie 22.1 : L'Addiction aux Réseaux Sociaux

Le Chronométreur Virtuel : Les réseaux sociaux peuvent être chronophages. L'IA peut vous aider à surveiller le temps que vous passez en ligne et à définir des limites pour éviter une utilisation excessive. Elle peut également vous rappeler de prendre du temps pour des activités hors ligne.

L'Équilibreur de Productivité : L'IA peut analyser vos habitudes de navigation et vous suggérer des moments propices pour interrompre votre utilisation des réseaux sociaux lorsque vous avez besoin de vous concentrer sur le travail ou d'autres activités importantes.

CHAPITRE XXIII : ÉDUCATION ET SENSIBILISATION

Sous-Partie 23.1 : La Conscience des Dangers

L'Éducateur Virtuel : L'IA peut jouer le rôle d'un éducateur virtuel en fournissant des informations sur les dangers potentiels des réseaux sociaux. Elle peut vous aider à comprendre les risques et à adopter des pratiques en ligne plus sûres.

La Promotion de la Citoyenneté Numérique : L'IA peut encourager une citoyenneté numérique responsable en soulignant l'importance du respect en ligne, de la vérification des sources et de la protection de la vie privée.

En reconnaissant les dangers potentiels des réseaux sociaux et en utilisant l'IA comme un outil de protection et d'éducation, vous pouvez profiter des avantages des médias sociaux tout en minimisant les risques pour votre vie privée, votre santé mentale et votre sécurité en ligne.

CHAPITRE XXIV : L'INTÉGRATION DES NFT DANS VOTRE STRATÉGIE INSTAGRAM

Sous-Partie 24.1 : Comprendre les NFT

Les Œuvres Numériques Uniques : Les NFT sont des jetons numériques uniques qui représentent la propriété d'actifs numériques, tels que des œuvres d'art, des vidéos, des GIFs, et même des publications sur les réseaux sociaux. Comprenez comment les NFT fonctionnent et comment ils peuvent être utilisés pour monétiser votre contenu.

La Nouvelle Ère de la Propriété Numérique : Les NFT ouvrent une nouvelle ère où la propriété numérique peut être vérifiée, échangée et vendue de manière transparente. Explorez les possibilités offertes par cette technologie pour votre contenu Instagram.

CHAPITRE XXV : CRÉER DES NFT À PARTIR DE VOTRE CONTENU

Sous-Partie 25.1 : Convertir Vos Publications en NFT

La Transformation Créative : Transformez vos publications Instagram les plus populaires en NFT. Ces NFT peuvent être vendus à des collectionneurs ou à des fans de votre contenu.

L'Édition Limitée : Créez des éditions limitées de NFT pour vos publications les plus exclusives. Cela peut susciter un engouement parmi votre audience qui cherchera à obtenir un morceau de votre histoire Instagram.

CHAPITRE XXVI : LES AVANTAGES DES NFT POUR LA CROISSANCE

Sous-Partie 26.1 : L'Engagement de la Communauté

La Connexion Émotionnelle : Les NFT peuvent renforcer la connexion émotionnelle de votre audience avec votre contenu. Les fans qui possèdent un NFT lié à votre compte Instagram peuvent se sentir plus investis dans votre succès.

Les Événements Spéciaux : Organisez des événements spéciaux pour les détenteurs de NFT, tels que des rencontres exclusives en ligne, des accès anticipés à du contenu ou même des réductions sur des produits ou des services.

CHAPITRE XXVII : LA PROMOTION DES NFT SUR INSTAGRAM

Sous-Partie 27.1 : La Communication sur les NFT

Le Conteur Numérique : Utilisez Instagram pour raconter l'histoire derrière chaque NFT que vous créez. Partagez des informations sur l'inspiration, le processus de création et la signification de chaque œuvre numérique.

Les Teasers Visuels : Créez des teasers visuels de vos NFT à venir pour susciter l'anticipation parmi votre audience. Les images et les vidéos peuvent montrer un aperçu de l'œuvre, créant ainsi un buzz.

CHAPITRE XXVIII : LA MONÉTISATION DE VOTRE CONTENU AVEC LES NFT

Sous-Partie 28.1 : La Vente et l'Échange de NFT

Le Marché Numérique : Utilisez les marchés NFT pour vendre et échanger vos NFT. Ces marchés offrent un moyen transparent et sécurisé pour les collectionneurs d'acquérir vos œuvres numériques.

Les Options de Monétisation : Explorez différentes options de monétisation, telles que la vente aux enchères, les ventes directes et les collaborations avec d'autres artistes NFT pour maximiser vos revenus.

CHAPITRE XXIX : LA TRANSPARENCE ET LA BLOCKCHAIN

Sous-Partie 29.1 : La Sécurité et la Transparence

Le Registre Inaltérable : La blockchain, la technologie sous-jacente des NFT, offre une sécurité et une transparence inégalées. Assurez-vous d'expliquer à votre audience comment la blockchain garantit l'authenticité de vos NFT.

La Traçabilité : Montrez comment la blockchain permet de tracer l'origine de chaque NFT, montrant ainsi l'authenticité de votre travail et renforçant la confiance de votre audience.

En intégrant intelligemment les NFT dans votre stratégie Instagram, vous pouvez non seulement monétiser votre contenu de manière créative, mais aussi renforcer l'engagement de votre audience et créer une communauté de collectionneurs dévoués. Assurez-vous de comprendre les tenants et aboutissants des NFT avant de vous lancer dans cette aventure passionnante.

CHAPITRE XXX : CONSIDÉRATIONS ÉCOLOGIQUES DANS VOTRE STRATÉGIE NFT ET INSTAGRAM

Sous-Partie 30.1 : L'Impact Environnemental des NFT

La Consommation Énergétique : Les NFT basés sur la blockchain peuvent avoir un impact énergétique important en raison du processus de minage utilisé pour créer et valider les transactions. Soyez conscient de la consommation d'énergie associée à votre participation aux NFT et envisagez des alternatives à faible impact.

Les Blockchains Écologiques : Explorez des blockchains alternatives qui sont conçues pour être plus écologiques, utilisant des mécanismes de consensus moins énergivores, tels que la preuve d'enjeu (Proof of Stake) au lieu de la preuve de travail (Proof of Work).

CHAPITRE XXXI : LA DURABILITÉ DE VOTRE CONTENU SUR INSTAGRAM

Sous-Partie 31.1 : La Gestion des Déchets Numériques

Le Nettoyage Numérique : Les publications obsolètes et inutiles sur Instagram peuvent contribuer à la surcharge de données et à la consommation de ressources. Faites un effort pour gérer vos archives, supprimer les contenus obsolètes et réduire votre empreinte numérique.

La Durée de Vie du Contenu : Créez du contenu qui a une durée de vie plus longue en évitant les tendances éphémères. Lorsque vous créez des publications de valeur, elles restent pertinentes pendant plus longtemps et nécessitent moins de mises à jour fréquentes.

CHAPITRE XXXII : L'ÉDUCATION SUR L'ÉCOLOGIE NUMÉRIQUE

Sous-Partie 32.1 : Sensibiliser Votre Audience

L'Éducateur Écologique : Utilisez votre plateforme Instagram pour sensibiliser votre audience à l'impact environnemental des NFT et des réseaux sociaux. Partagez des informations sur la consommation d'énergie, l'empreinte carbone numérique et les initiatives écologiques.

L'Exemple Positif : Montrez l'exemple en adoptant des pratiques numériques plus écologiques dans votre propre utilisation des médias sociaux. Montrez comment vous réduisez votre impact environnemental et encouragez votre audience à faire de même.

CHAPITRE XXXIII : L'EXPLORATION D'ALTERNATIVES DURABLES

Sous-Partie 33.1 : Les Alternatives Écologiques

La Voie Écologique : Explorez des alternatives durables pour votre activité en ligne. Cela peut inclure la recherche de plateformes de médias sociaux qui mettent l'accent sur la durabilité environnementale ou la participation à des projets NFT qui soutiennent des causes écologiques.

L'Investissement Responsable : Si vous investissez dans des NFT, envisagez d'acheter des NFT qui sont liés à des initiatives environnementales ou à des œuvres d'artistes qui soutiennent des causes liées à l'écologie.

En intégrant des considérations écologiques dans votre stratégie NFT et Instagram, vous pouvez contribuer à réduire l'impact environnemental tout en maintenant une présence en ligne active et réussie. Il est essentiel d'équilibrer la croissance numérique avec la durabilité pour préserver notre planète.

CONCLUSION

Félicitations ! Vous avez parcouru ce guide complet sur la croissance de votre activité sur Instagram, en prenant en compte des éléments essentiels tels que l'utilisation créative des NFT, la protection de votre vie privée, l'impact environnemental et bien plus encore. Vous êtes désormais mieux équipé pour naviguer dans l'univers dynamique des médias sociaux de manière stratégique et responsable.

Votre présence sur Instagram a le potentiel de toucher des millions de personnes à travers le monde, de créer une communauté engagée et de vous permettre d'atteindre vos objectifs personnels et professionnels. En suivant les conseils et les bonnes pratiques partagés dans ce guide, vous pouvez maximiser les avantages de cette plateforme tout en minimisant les risques.

N'oubliez pas que la croissance sur Instagram demande du temps, de la persévérance et de la créativité. Continuez à explorer de nouvelles idées, à interagir avec votre audience et à adapter votre stratégie en fonction des évolutions de la plateforme.

En tant qu'utilisateur d'Instagram, vous avez également un rôle à jouer dans la création d'un environnement en ligne positif et durable. Soyez conscient de l'impact de vos activités en ligne sur l'environnement et sur votre propre bien-être. Adoptez des pratiques numériques responsables pour contribuer à un monde numérique meilleur.

Nous espérons que ce guide vous a fourni des informations précieuses et des conseils pratiques pour réussir sur Instagram tout en étant un acteur responsable. Votre présence sur cette plateforme peut être un moyen puissant d'exprimer votre créativité, de réaliser vos objectifs et de contribuer à des conversations importantes.

Merci de nous avoir accompagnés dans ce voyage. Nous vous souhaitons tout le succès que vous méritez dans votre aventure sur Instagram et au-delà. Continuez à créer, à partager et à inspirer. Bonne croissance et à bientôt sur les réseaux sociaux !

LES AUTRES LIVRES D'HALLEY REAGAN

- *"Éveille ta Puissance Intérieure : Domine ta Vie avec les Clés des Maîtres Motivateurs: N'achète pas ce livre, tu risque de réussir ta vie"* Editions : Thiéfaine Lebeau

- *"De l'Ombre à la Lumière : Une Histoire de Rédemption et d'Authenticité: L'histoire fictive d'un homme inspiré par Marco Mouly et Christophe Rocancourt : générée par Intelligence Artificielle"*

Editions : Thiéfaine Lebeau

- *"L'IA au service de la prospérité : Comment Gagner de l'Argent dans un Monde Alimenté par l'Intelligence Artificielle"*
Editions : Thiéfaine Lebeau